Impressum
Verlag: BABADADA GmbH, Nedderfeld 112 , 22529 Hamburg
Geschäftsführer / Verlagsleitung: Harald Hof
Druck: Books on Demand GmbH, In de Tarpen 42, 22848 Norderstedt

Imprint
Publisher: BABADADA GmbH, Nedderfeld 112 , 22529 Hamburg, Germany
Managing Director / Publishing direction: Harald Hof
Print: Books on Demand GmbH, In de Tarpen 42, 22848 Norderstedt

# school

## l'école

klaslokaal
la salle de classe

delen
diviser

186/2

bord
le tableau noir

speelplaats
la cour de récréation

leerkracht
l'enseignant

papier
le papier

schrijven
écrire

pen
le stylo

bureau
le bureau

liniaal
la règle

boek
le livre

leerling
l'élève

schooltas

le sac d'école

pennenzak

la trousse

potlood

le crayon

puntenslijper

le taille-crayon

gom

la gomme

tekenblok

le carnet à dessin

tekening
le dessin

verfborstel
le pinceau

verfdoos
la boîte de peinture

schaar
les ciseaux

lijm
la colle

werkboek
le cahier d'exercices

huiswerk
les tâches

**12**

nummer
le chiffre

**2+2**

optellen
additionner

**5-2**

aftrekken
soustraire

**2×2**

vermenigvuldigen
multiplier

rekenen
calculer

**A**

letter
la lettre

ABCDEFG
HIJKLMN
OPQRSTU
VWXYZ

alfabet
l'alphabet

**hello**

woord
le mot

**tekst**

le texte

**Lezen**

lire

**krijt**

la craie

**les**

la leçon

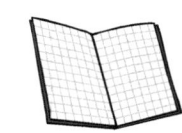

**klassenboek**

le livre de classe

**examen**

l'examen

**certificaat**

le certificat

**schooluniform**

l'uniforme scolaire

**onderwijs**

la formation

**encyclopedie**

le lexique

**universiteit**

l'université

**microscoop**

le microscope

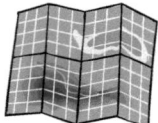

**kaart**

la carte

**papiermand**

la corbeille à papier

# reis
## le voyage

hotel
l'hôtel
Grand
jeugdherberg
l'auberge
ROOMS
CHANGE
wisselkantoor
le bureau de change
koffer
la valise
auto
la voiture


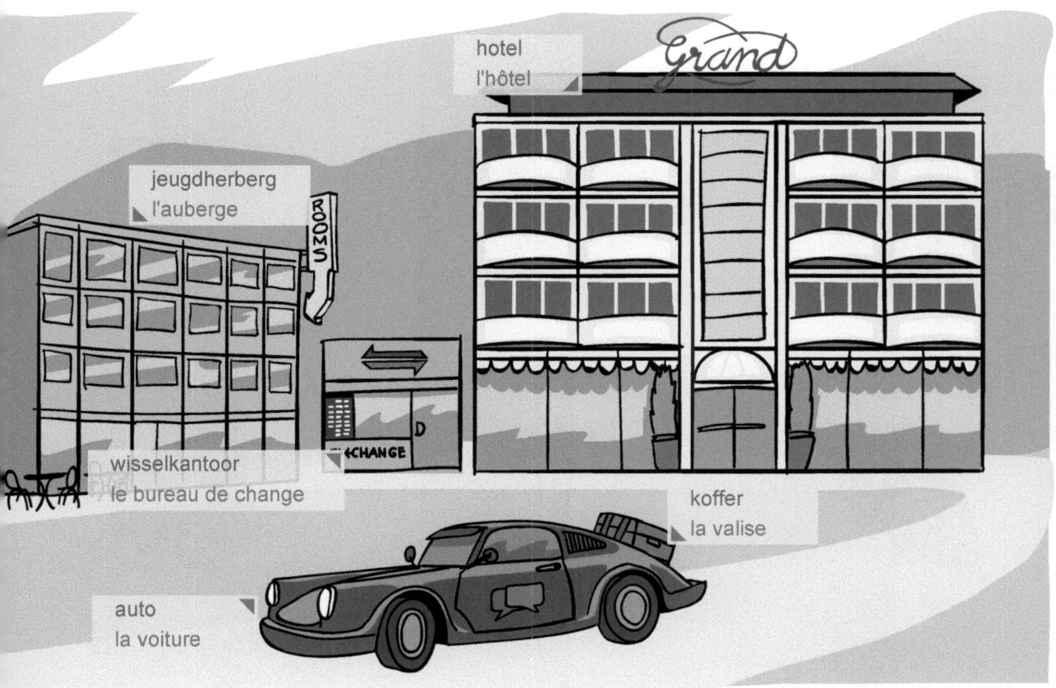

Taal

la langue

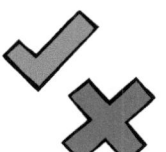

ja / nee

oui / non

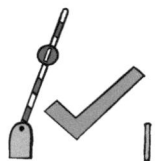

oké

d'accord

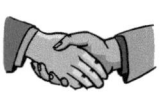

hallo

Salut

vertaler

l'interprète

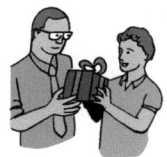

bedankt

merci

Hoeveel kost ...?

Combien coûte...?

Ik begrijp het niet

Je ne comprends pas

probleem

le problème

Goedenavond!

Bonsoir!

Goedemorgen!

Bonjour!

Goedenavond!

Bonne nuit!

Tot ziens

Au revoir

richting

la direction

bagage

les bagages

zak

le sac

rugzak

le sac-à-dos

gast

l'hôte

kamer

la pièce

slaapzak

le sac de couchage

tent

la tente

toeristeninformatie

l'office de tourisme

strand

la plage

kredietkaart

la carte de crédit

ontbijt

le petit-déjeuner

lunch

le déjeuner

avondeten

le dîner

ticket

le billet

lift

l'ascenseur

postzegel

le timbre

grens

la frontière

douane

la douane

ambassade

l'ambassade

visum

le visa

paspoort

le passeport

# transport

# le transport

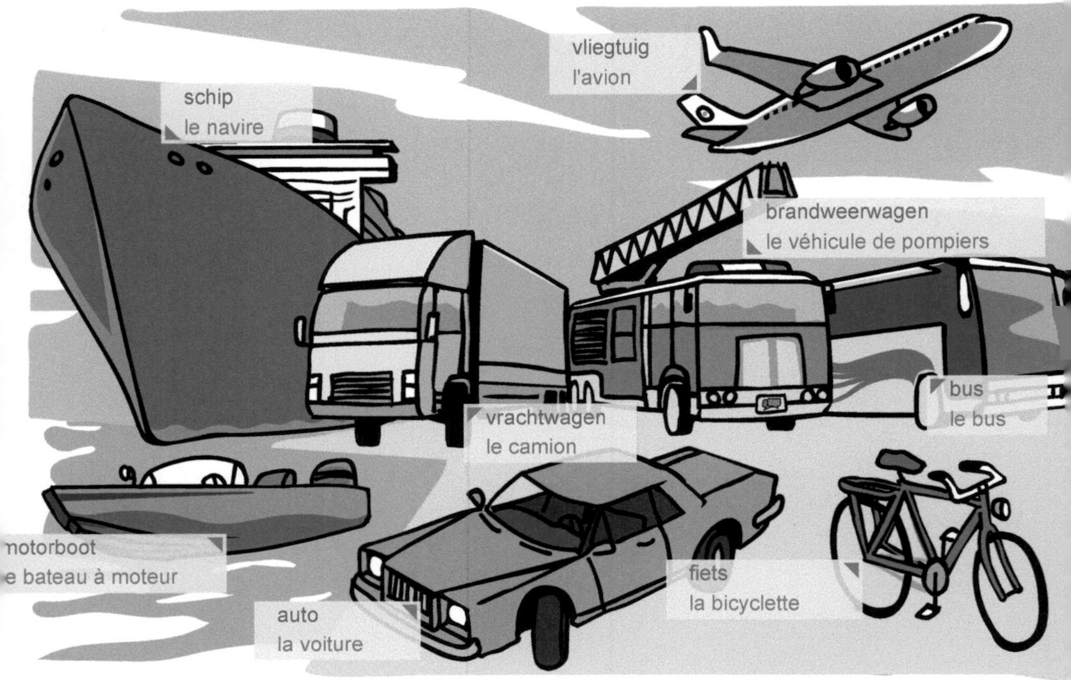
vliegtuig
l'avion
schip
le navire
brandweerwagen
le véhicule de pompiers
bus
le bus
vrachtwagen
le camion
motorboot
e bateau à moteur
fiets
la bicyclette
auto
la voiture

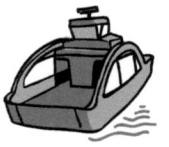

veerboot

le ferry

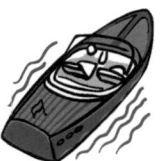

boot

la barque

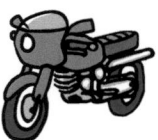

motor

la moto

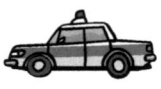

politiewagen

la voiture de police

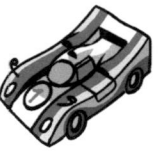

racewagen

la voiture de course

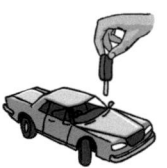

huurauto

la voiture de location

carpoolen

l'autopartage

sleepwagen

la dépanneuse

vuilniswagen

la benne à ordures

motor

le moteur

benzine

l'essence

benzinestation

la station d'essence

verkeersbord

le panneau indicateur

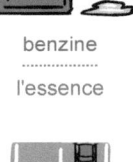

verkeer

le trafic

file

l'embouteillage

parkeerplaats

le parking

station

la gare

sporen

les rails

trein

le train

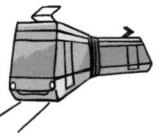

tram

le tram

wagon

le wagon

transport - le transport

helikopter

l'hélicoptère

luchthaven

l'aéroport

toren

la tour

passagier

le passager

container

le container

karton

le carton

kar

le chariot

mand

la corbeille

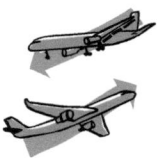

opstijgen / landen

décoller / atterrir

## stad

## la ville

dorp

le village

stadscentrum

le centre-ville

huis

la maison

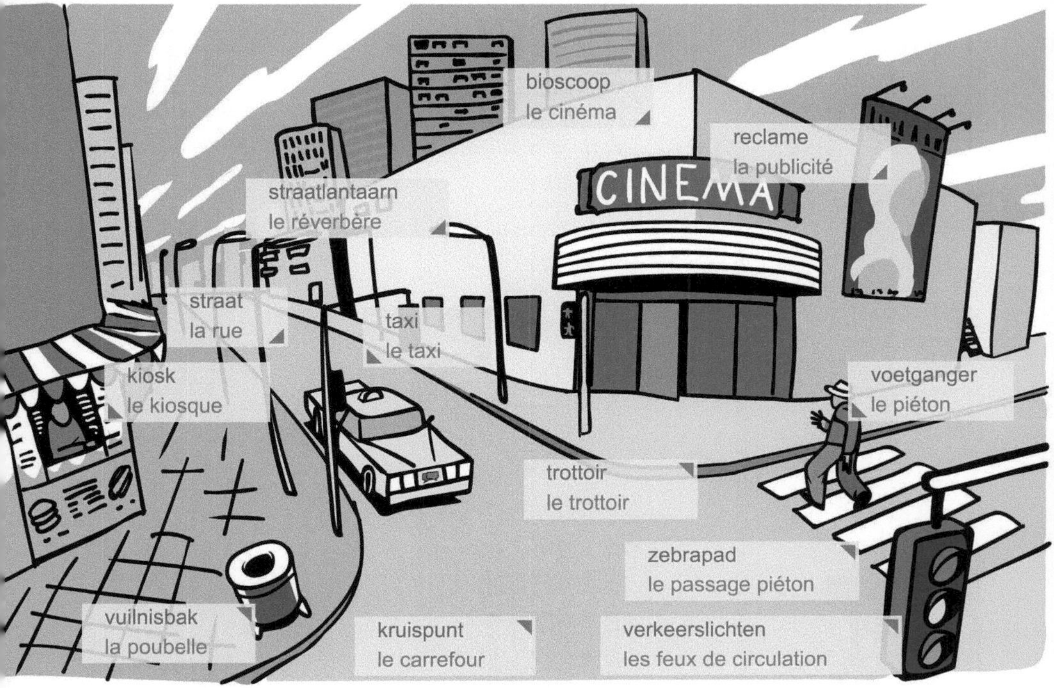

bioscoop
le cinéma

reclame
la publicité

straatlantaarn
le réverbère

straat
la rue

taxi
le taxi

kiosk
le kiosque

voetganger
le piéton

trottoir
le trottoir

zebrapad
le passage piéton

vuilnisbak
la poubelle

kruispunt
le carrefour

verkeerslichten
les feux de circulation

CINEMA

hut
la cabane

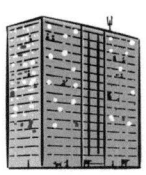

woning
l'appartement

station
la gare

stadshuis
la mairie

museum
le musée

school
l'école

universiteit

l'université

bank

la banque

ziekenhuis

l'hôpital

hotel

l'hôtel

apotheek

la pharmacie

kantoor

le bureau

boekwinkel

la librairie

winkel

le magasin

bloemenwinkel

le fleuriste

supermarkt

le supermarché

markt

le marché

warenhuis

le grand magasin

vishandelaar

la poissonnerie

winkelcentrum

le centre commercial

haven

le port

park
le parc

bank
la banque

brug
le pont

trap
les escaliers

metro
le métro

tunnel
le tunnel

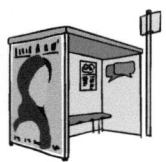

bushalte
l'arrêt de bus

bar
le bar

restaurant
le restaurant

brievenbus
la boîte à lettres

straatnaambord
le panneau indicateur

parkeermeter
le parcomètre

zoo
le zoo

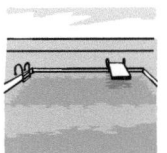

zwembad
le réverbère

moskee
la mosquée

boerderij

la ferme

milieuverontreiniging

la pollution

kerkhof

le cimetière

kerk

l'église

speelplaats

l'aire de jeux

tempel

le temple

## landschap

## le paysage

blad
la feuille

wegwijzer
le panneau indicateur

weg
le chemin

weide
le pré

steen
la pierre

wandelaar
le randonneur

boom
l'arbre

rivier
la rivière

gras
l'herbe

bloem
la fleur

vallei
la vallée

heuvel
la montagne

meer
le lac

bos
la forêt

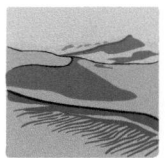

woestijn
le désert

vulkaan
le volcan

kasteel
le château

regenboog
l'arc-en-ciel

paddenstoel
le champignon

palmboom
le palmier

mug
le moustique

vlieg
la mouche

mier
les fourmis

bijl
l'abeille

spin
l'araignée

landschap - le paysage

kever

le scarabée

kikker

la grenouille

eekhoorn

l'écureuil

egel

le hérisson

haas

le lapin

uil

la chouette

vogel

l'oiseau

zwaan

le cygne

wild zwijn

le sanglier

hert

le cerf

eland

l'élan

dam

le barrage

windturbine

l'éolienne

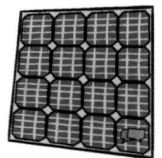

zonnepaneel

le panneau solaire

klimaat

le climat

# restaurant
# le restaurant

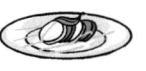

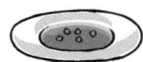

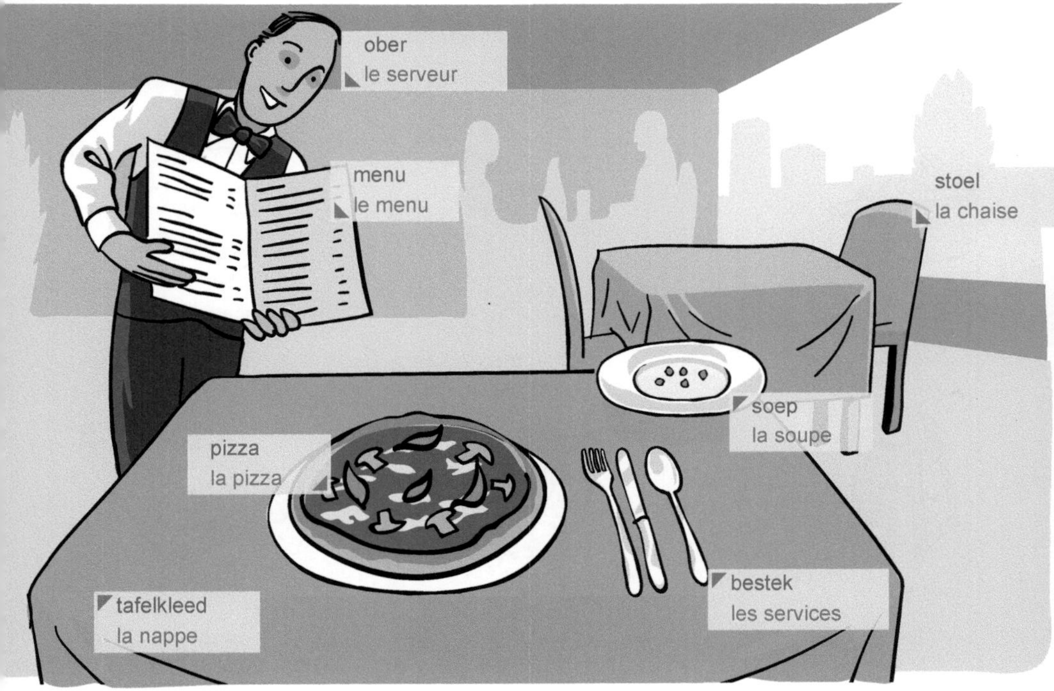
ober
le serveur
menu
le menu
stoel
la chaise
soep
la soupe
pizza
la pizza
bestek
les services
tafelkleed
la nappe

voorgerecht

les hors d'œuvre

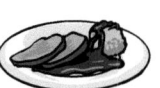

hoofdgerecht

le plat principal

nagerecht

le dessert

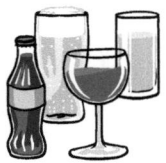

drankjes

les boissons

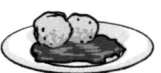

eten

l'alimentation

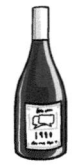

fles

la bouteille

fastfood

le fast-food

street food

les plats à emporter

theepot

la théière

suikerpot

le sucrier

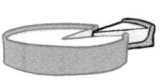

portie

la portion

espressomachine

la machine à expresso

kinderstoel

la chaise haute

rekening

la facture

dienblad

le plateau

mes

le couteau

vork

la fourchette

lepel

la cuillère

theelepel

la cuillère à thé

serviette

la serviette

glas

le verre

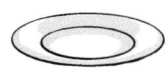

bord

l'assiette

soepbord

l'assiette à soupe

schoteltje

la soucoupe

saus

la sauce

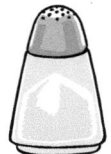

zoutvatje

la salière

pepermolen

le moulin à poivre

azijn

le vinaigre

olie

l'huile

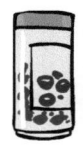

kruiden

les épices

ketchup

le ketchup

mosterd

la moutarde

mayonaise

la mayonnaise

# supermarkt
# le supermarché

aanbieding
l'offre promotionnelle
FOR
klant
le client
zuivelproducten
les produits laitiers
fruit
les fruits
winkelwagen
le caddie


BUTCHERS


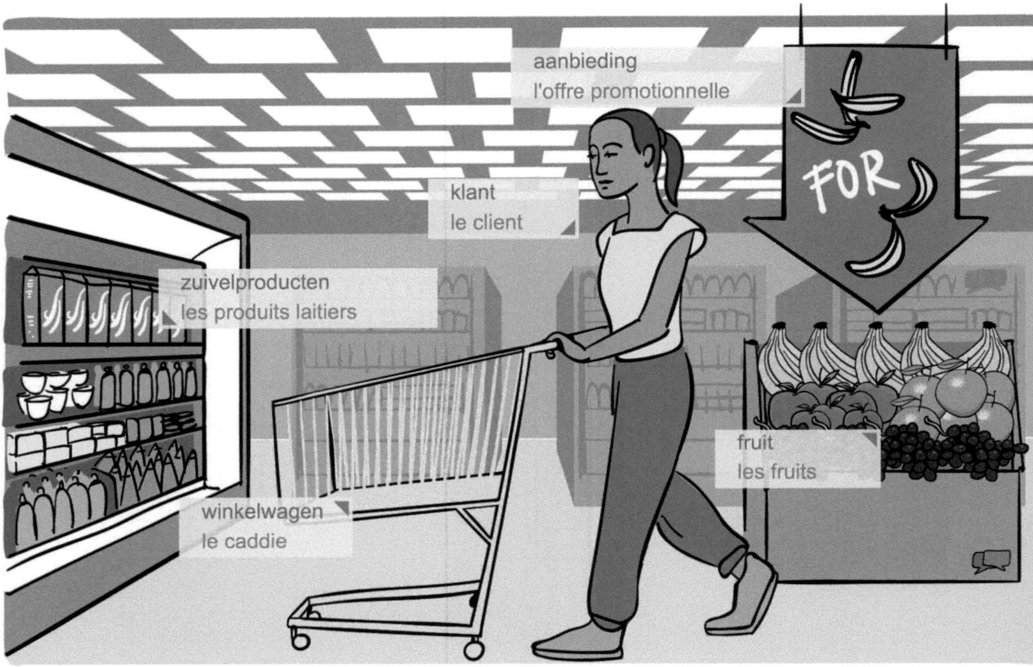

slagerij

la boucherie

BAKERY


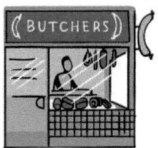

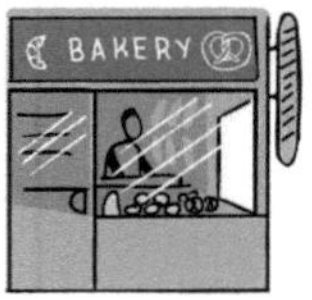

bakkerij

la boulangerie

wegen

peser

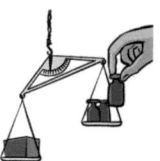

groenten

les légumes

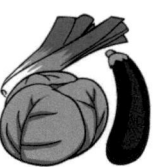

vlees

la viande

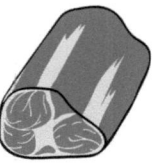

diepvriesvoedsel

les aliments surgelés

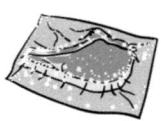

charcuterie
la charcuterie

conserven
les conserves

waspoeder
la poudre à lessive

snoep
les bonbons

huishoudproducten
les articles ménagers

schoonmaakproducten
les détergents

verkoopster
la vendeuse

kassa
la caisse

kassier
le caissier

boodschappenlijstje
la liste d'achats

openingstijden
les heures d'ouverture

portefeuille
le portefeuille

kredietkaart
la carte de crédit

tas
le sac

plastieken zakje
le sac en plastique

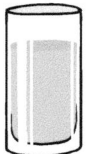 

| water | sap | melk |
|---|---|---|
| l'eau | le jus de fruit | le lait |

| cola | wijn | bier |
|---|---|---|
| le coca | le vin | la bière |

| alcohol | cacao | thee |
|---|---|---|
| l'alcool | le chocolat chaud | le thé |

| koffie | espresso | cappuccino |
|---|---|---|
| le café | l'expresso | le cappuccino |

banaan

la banane

appel

la pomme

sinaasappel

l'orange

meloen

le melon

citroen

le citron

wortel

la carotte

knoflook

l'ail

bamboe

le bambou

ajuin

l'oignon

champignon

le champignon

noten

les noisettes

noodles

les pâtes

spaghetti

les spaghettis

rijst

le riz

salade

la salade

frieten

les frites

gebakken aardappelen

les pommes de terre rôties

pizza

la pizza

hamburger

le hamburger

sandwich

le sandwich

kalfslapje

l'escalope

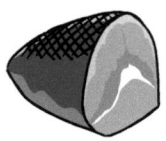

ham

le jambon

salami

le salami

worst

la saucisse

kip

le poulet

braden

le rôti

vis

le poisson

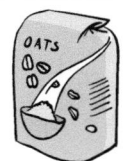

havervlokken

les flocons d'avoine

muesli

le muesli

cornflakes

les cornflakes

bloem

la farine

croissant

le croissant

pistolet

les petits-pains

brood

le pain

toast

le pain grillé

koekjes

les biscuits

boter

le beurre

kwark

le fromage blanc

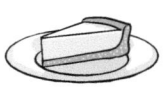

taart

le gâteau

ei

l'œuf

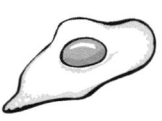

spiegelei

l'œuf au plat

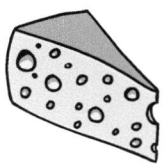

kaas

le fromage

eten - l'alimentation

ijs

la glace

suiker

le sucre

honing

le miel

confituur

la confiture

choco

la crème nougat

curry

le curry

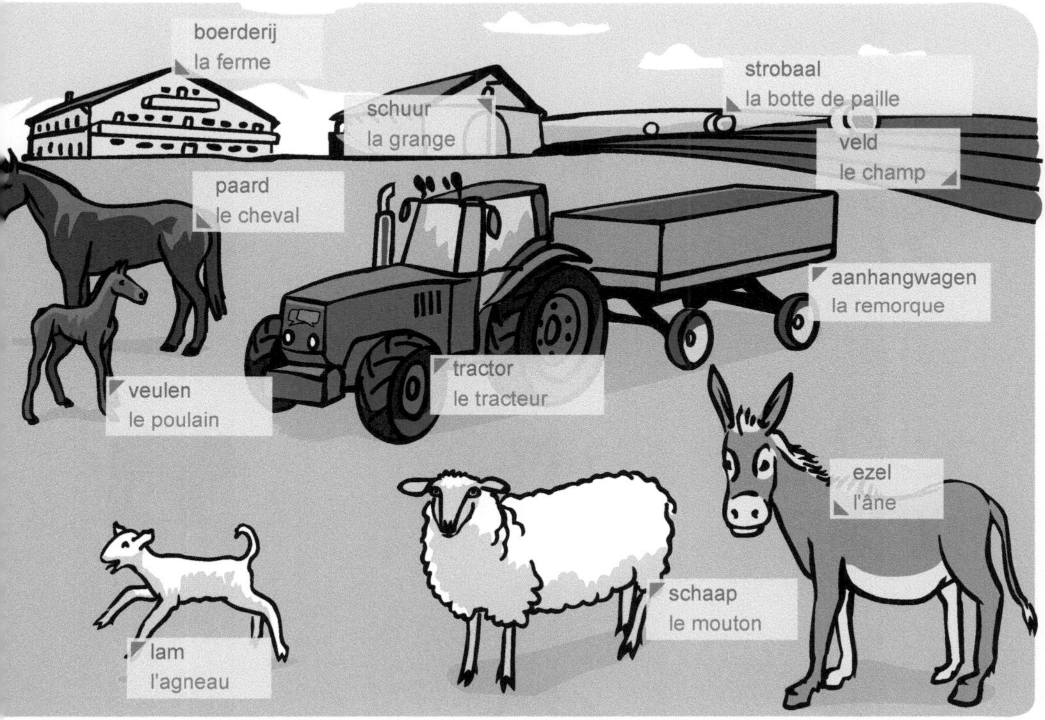

boerderij
la ferme

schuur
la grange

strobaal
la botte de paille

veld
le champ

paard
le cheval

aanhangwagen
la remorque

veulen
le poulain

tractor
le tracteur

ezel
l'âne

lam
l'agneau

schaap
le mouton

geit
la chèvre

koe
la vache

kalf
le veau

varken
le porc

biggetje
le porcelet

stier
le taureau

gans

l'oie

eend

le canard

kuiken

le poussin

kip

la poule

haan

le coq

rat

le rat

kat

le chat

muis

la souris

os

le bœuf

hond

le chien

hondenhok

le chenil

tuinslang

le tuyau de jardin

gieter

l'arrosoir

zeis

la faucheuse

ploeg

la charrue

sikkel

la faucille

schoffel

la pioche

hooivork

la fourche

bijl

la hache

kruiwagen

la brouette

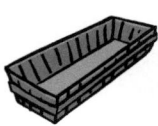

trog

la cuve

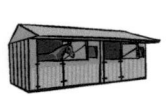

melkkan

le pot à lait

zak

le sac

hek

la clôture

stal

l'étable

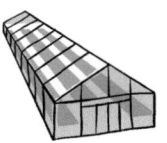

broeikas

la serre

bodem

le sol

zaad

les semences

mest

l'engrais

maaidorser

la moissonneuse-batteuse

oogsten

récolter

oogst

la récolte

yam

l'igname

tarwe

le blé

soja

le soja

aardappel

la pomme de terre

maïs

le maïs

koolzaad

le colza

fruitboom

l'arbre fruitier

maniok

le manioc

graan

les céréales

# huis
# la maison

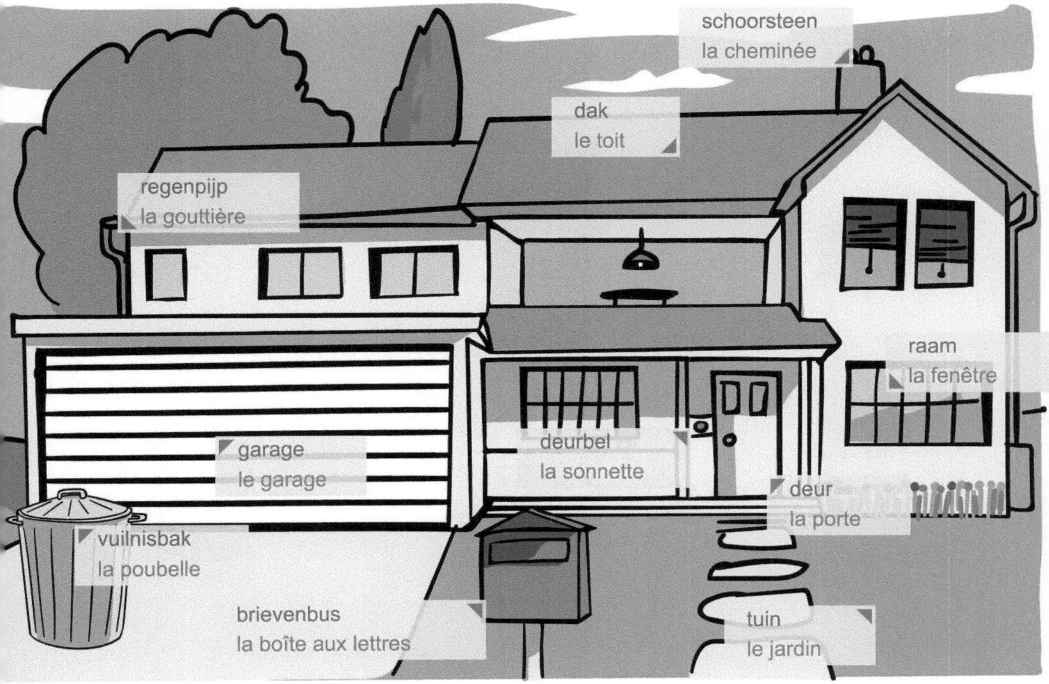
schoorsteen
la cheminée
dak
le toit
regenpijp
la gouttière
raam
la fenêtre
garage
le garage
deurbel
la sonnette
deur
la porte
vuilnisbak
la poubelle
brievenbus
la boîte aux lettres
tuin
le jardin

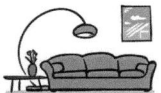

woonkamer

le salon

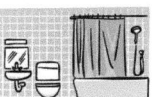

badkamer

la chambre de bain

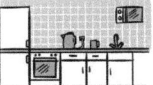

keuken

la cuisine

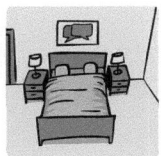

slaapkamer

la chambre à coucher

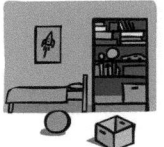

kinderkamer

la chambre d'enfant

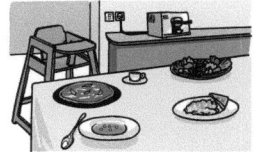

eetkamer

la salle à manger

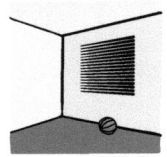

vloer

le sol

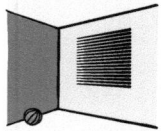

muur

le mur

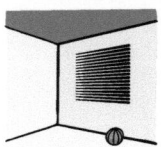

plafond

le plafond

kelder

la cave

sauna

le sauna

balkon

le balcon

terras

la terrasse

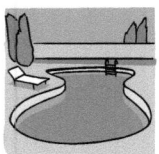

zwembad

la piscine

grasmaaier

la tondeuse à gazon

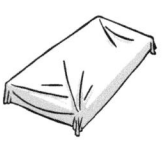

dekbedovertrek

la fourre de duvet

dekbed

la couette

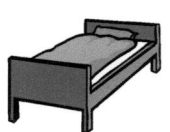

bed

le lit

bezem

le balai

emmer

le sceau

schakelaar

l'interrupteur

# woonkamer
# le salon

behangpapier
le papier peint
foto
l'image
lamp
la lampe
schap
l'étagère
kast
l'armoire
televisie
la télé
open haard
la cheminée
bloem
la fleur
kussen
le coussin
sofa
le canapé
vaas
le vase
afstandsbediening
la télécommande

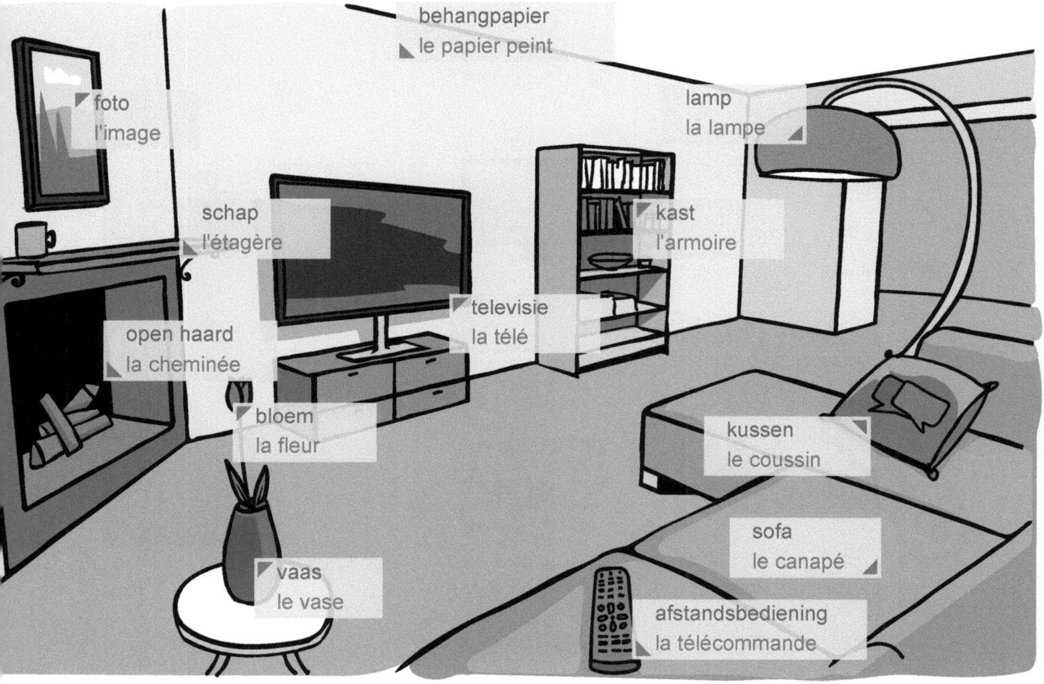

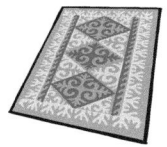

mat

le tapis

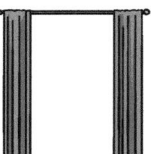

gordijn

le rideau

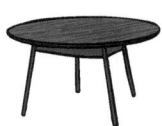

tafel

la table

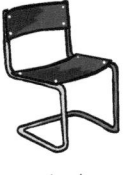

stoel

la chaise

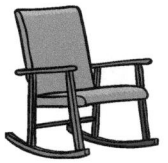

schommelstoel

la chaise à bascule

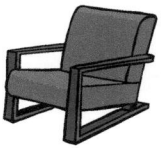

fauteuil

le fauteuil

boek

le livre

deken

la couverture

decoratie

la décoration

brandhout

le bois de chauffage

film

le film

stereo-installatie

la chaîne hi-fi

sleutel

la clé

krant

le journal

schilderij

la peinture

poster

le poster

radio

la radio

notitieboekje

le bloc-notes

stofzuiger

l'aspirateur

cactus

le cactus

kaars

la bougie

# keuken
## la cuisine

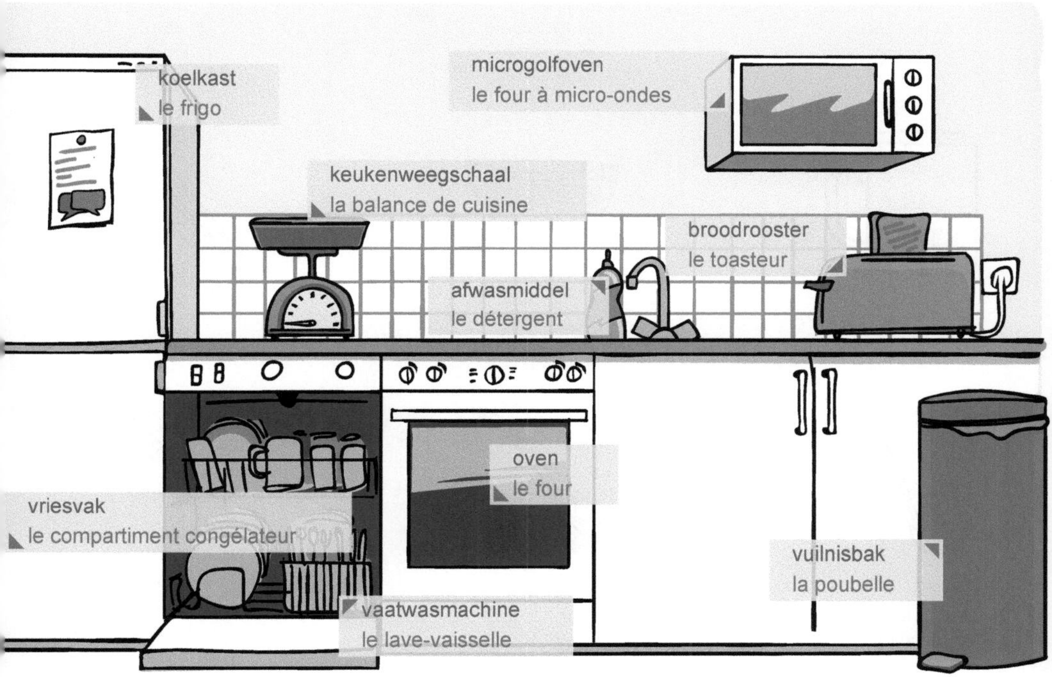
koelkast
le frigo
microgolfoven
le four à micro-ondes
keukenweegschaal
la balance de cuisine
broodrooster
le toasteur
afwasmiddel
le détergent
oven
le four
vriesvak
le compartiment congélateur
vuilnisbak
la poubelle
vaatwasmachine
le lave-vaisselle

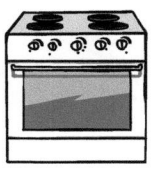

fornuis
..................
le four

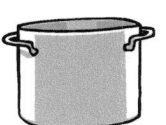

pot
..................
la casserole

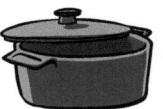

gietijzeren pot
..................
la marmite

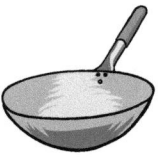

wok / kadai
..................
le wok/kadai

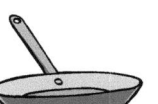

pan
..................
la poêle

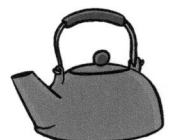

waterkoker
..................
la bouilloire électrique

stoomkoker

le cuiseur vapeur

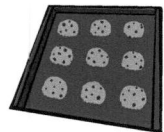

bakplaat

la plaque de cuisson

servies

la vaisselle

mok

le gobelet

kom

le bol

eetstokjes

les baguettes

pollepel

la louche

spatel

la spatule

garde

le fouet

vergiet

la passoire

zeef

le tamis

rasp

la râpe

mortier

le mortier

barbecue

le barbecue

haardvuur

la cheminée

snijplank

la planche à découper

deegrol

le rouleau à pâtisserie

kurkentrekker

le tire-bouchon

blik

la boîte

blikopener

l'ouvre-boîte

pannenlap

les maniques

gootsteen

le lavabo

borstel

la brosse

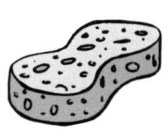

spons

l'éponge

blender

le mixeur

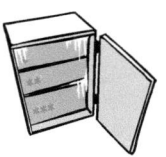

vriezer

le congélateur

papfles

le biberon

kraan

le robinet

## la chambre de bain

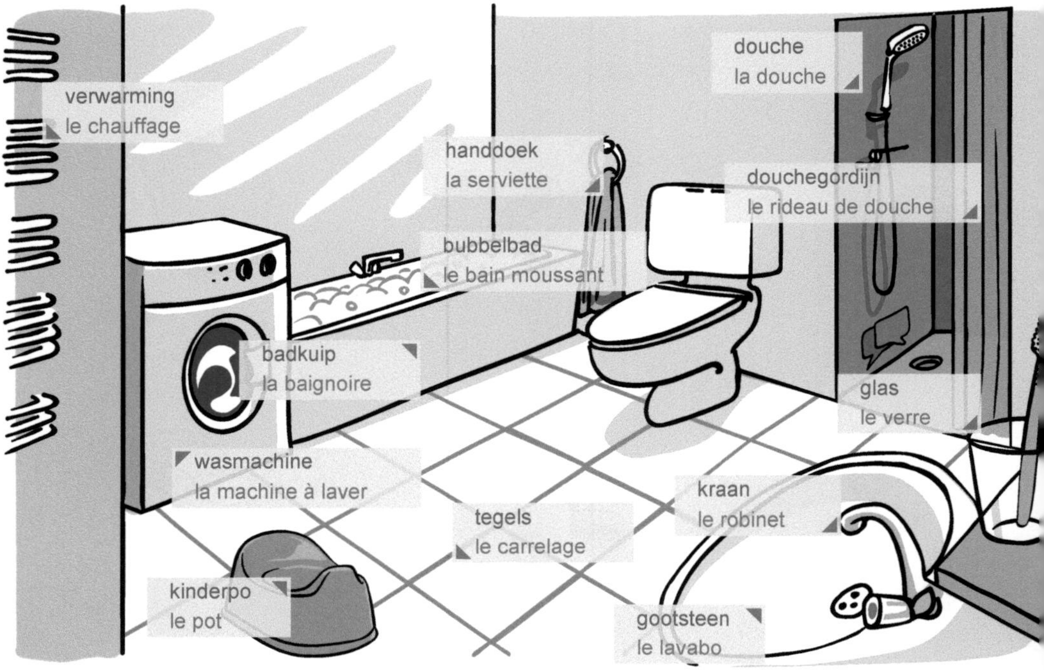

verwarming
le chauffage

douche
la douche

handdoek
la serviette

douchegordijn
le rideau de douche

bubbelbad
le bain moussant

badkuip
la baignoire

glas
le verre

wasmachine
la machine à laver

kraan
le robinet

tegels
le carrelage

kinderpo
le pot

gootsteen
le lavabo

| toilet | hurktoilet | bidet |
|---|---|---|
| les toilettes | la toilette à la turque | le bidet |

| urinoir | toiletpapier | toiletborstel |
|---|---|---|
| l'urinoir | le papier toilette | la brosse à toilette |

tandenborstel

la brosse à dents

tandpasta

le dentifrice

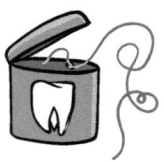

flosdraad

le fil dentaire

wassen

laver

handdouche

la douche manuelle

bidethanddouche

la douche intime

waskom

la vasque

rugborstel

la brosse dorsale

zeep

le savon

douchegel

le gel douche

shampoo

le shampooing

washandje

le gant de toilette

afvoer

l'écoulement

crème

la crème

deodorant

le déodorant

**spiegel**

le miroir

**handspiegel**

le miroir cosmétique

**scheermes**

le rasoir

**scheerschuim**

la mousse à raser

**aftershave**

l'après-rasage

**kam**

la peigne

**borstel**

la brosse

**haardroger**

le sèche-cheveux

**haarlak**

la laque pour cheveux

**make-up**

le fond de teint

**lippenstift**

le rouge à lèvres

**nagellak**

le vernis à ongles

**watten**

l'ouate

**nagelknipper**

le coupe-ongles

**parfum**

le parfum

toilettas
la trousse de toilette

kruk
le tabouret

weegschaal
la balance

badjas
le peignoir

latex handschoenen
les gants de nettoyage

tampon
le tampon

maandverband
les serviettes hygiéniques

chemisch toilet
la toilette chimique

# kinderkamer
## la chambre d'enfant

wekker
le réveil
knuffel
le doudou
speelgoedauto
la voiture jouet
rammelaar
le hochet
poppenhuis
la maison de poupée
geschenk
le cadeau

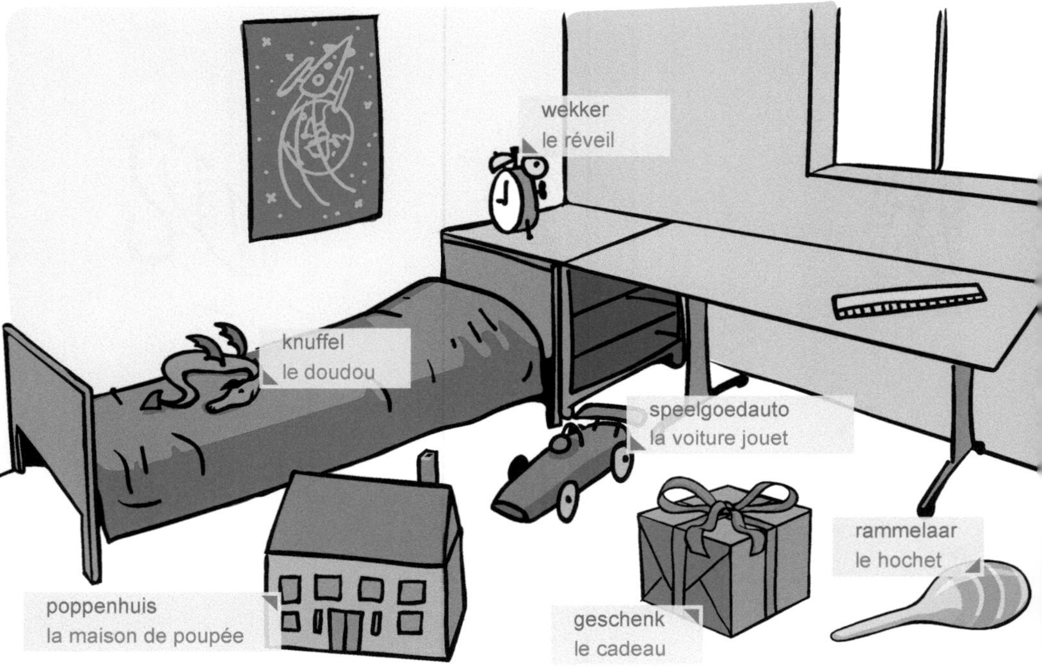

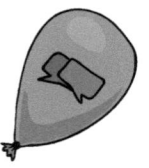

ballon

le ballon

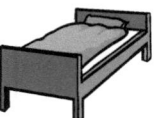

bed

le lit

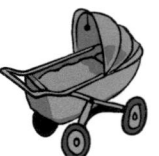

kinderwagen

la poussette

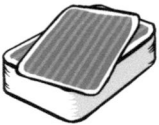

spel kaarten

le jeu de cartes

puzzel

le puzzle

SUPER
MEGA

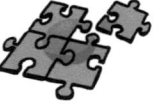

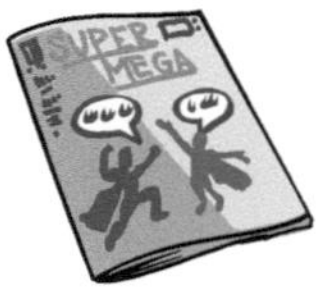

stripboek

la bande dessinée

legoblokjes

les pièces lego

blokken

les blocs de construction

actiefiguur

la figurine

kruippakje

la grenouillère

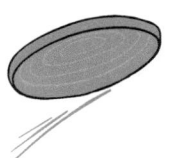

frisbee

le frisbee

mobiel

le mobile

bordspel

le jeu de société

dobbelsteen

le dé

modelspoorweg

le train miniature

fopspeen

la sucette

feest

la fête

prentenboek

le livre d'images

bal

la balle

pop

la poupée

spelen

jouer

zandbak

le bac à sable

schommel

la balançoire

speelgoed

les jouets

spelconsole

la console de jeu

driewieler

le tricycle

knuffelbeer

l'ours en peluche

kleerkast

l'armoire

## kleding
## les vêtements

sokken

les chaussettes

kousen

les bas

maillot

le collant

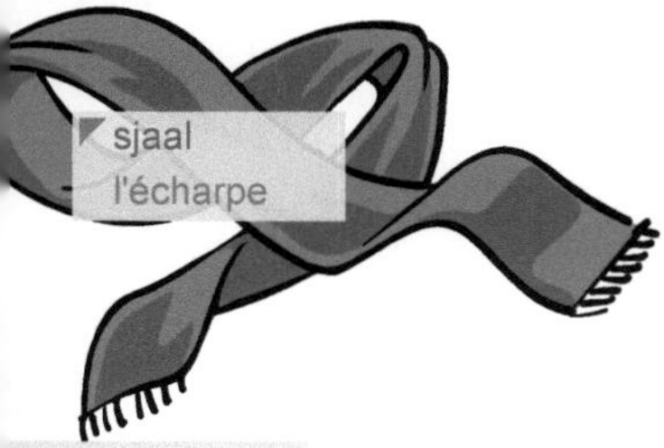

sjaal
l'écharpe

paraplu
le parapluie

riem
la ceinture

T-shirt
le t-shirt

sneakers
les baskets

laarzen
les bottes

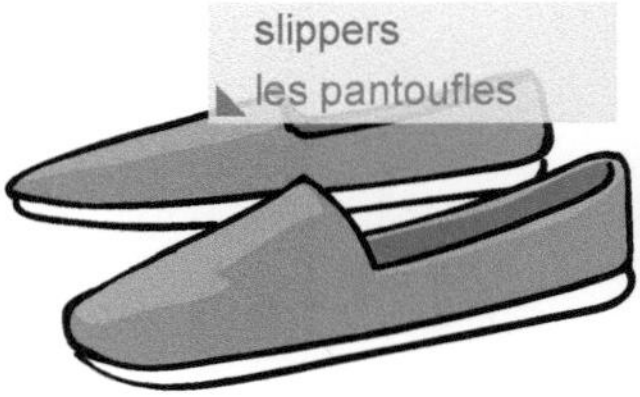

slippers
les pantoufles

sandalen
...................
les sandales

schoenen
...................
les chaussures

rubberlaarzen
...................
les bottes de caoutchouc

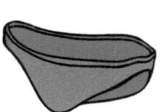

onderbroek
...................
le linge de corps

beha
...................
le soutien-gorge

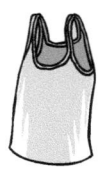

onderhemd
...................
le maillot de corps

kleding - les vêtements                    45

lichaam

le body

broek

le pantalon

jeans

le jean

rok

la jupe

blouse

le chemisier

hemd

la chemise

trui

le pull

capuchontrui

le pull-over à capuche

blazer

la veste

jas

la veste

jas

le manteau

regenjas

l'imperméable

kostuum

le costume

jurk

la robe

trouwjurk

la robe de mariée

kleding - les vêtements

pak

le costume

nachthemd

la chemise de nuit

pyjama

le pyjama

sari

le sari

hoofddoek

le foulard

tulband

le turban

boerka

la burqa

kaftan

le caftan

abaya

l'abaya

badpak

le maillot de bain

zwembroek

le costume de bain

short

les cuissettes

trainingspak

la tenue d'entraînement

schort

le tablier

handschoenen

les gants

knoop

le bouton

bril

les lunettes

armband

le bracelet

ketting

le collier

ring

la bague

oorbel

la boucle d'oreille

pet

le bonnet

kapstok

le cintre

hoed

le chapeau

das

la cravate

rits

la fermeture éclair

helm

le casque

bretellen

les bretelles

schooluniform

l'uniforme scolaire

uniform

l'uniforme

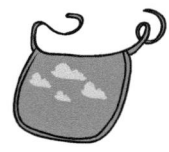

slabbetje

le bavoir

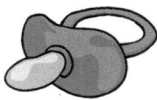

fopspeen

la sucette

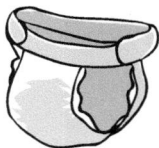

luier

la couche

# kantoor
# le bureau

server
le serveur
dossierkast
l'armoire d'archivage
printer
l'imprimante
papier
le papier
monitor
l'écran
muis
la souris
bureau
le bureau
map
le classeur
toestenbord
le clavier
papiermand
la corbeille à papier
stoel
la chaise
computer
l'ordinateur

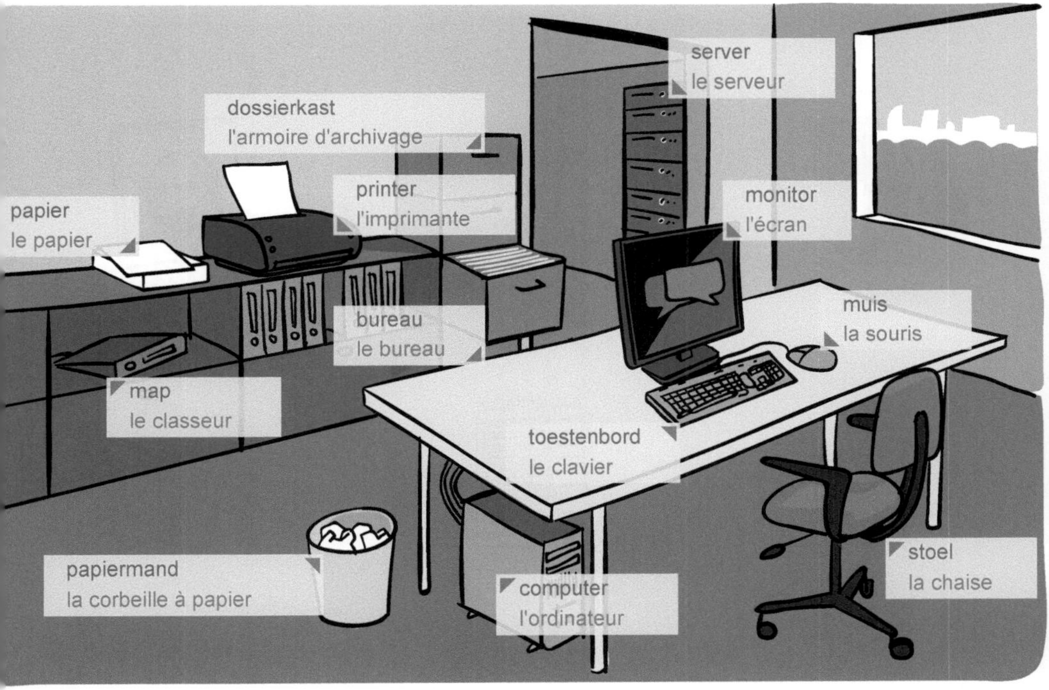

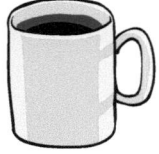

koffiemok

la tasse à café

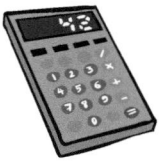

rekenmachine

la calculatrice

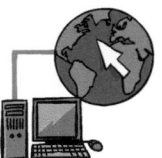

internet

l'internet

laptop

l'ordinateur portable

brief

la lettre

bericht

le message

gsm

le portable

netwerk

le réseau

kopieerapparaat

la photocopieuse

software

le logiciel

telefoon

le téléphone

stopcontact

la prise

fax

le fax

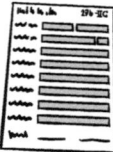

formulier

le formulaire

document

le document

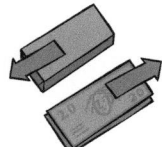

kopen
acheter

betalen
payer

handelen
marchander

geld
la monnaie

dollar
le dollar

euro
l'euro

yen
le yen

roebel
le rouble

Zwitserse frank
le franc suisse

Chinese renminbi
le renminbi yuan

roepie
la roupie

geldautomaat
le distributeur automatique

wisselkantoor

le bureau de change

goud

l'or

zilver

l'argent

olie

le pétrole

energie

l'énergie

prijs

le prix

contract

le contrat

belasting

la taxe

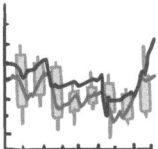

aandeel

l'action

werken

travailler

werknemer

l'employé

werkgever

l'employeur

fabriek

l'usine

winkel

le magasin

economie - l'économie

# beroepen
# les professions

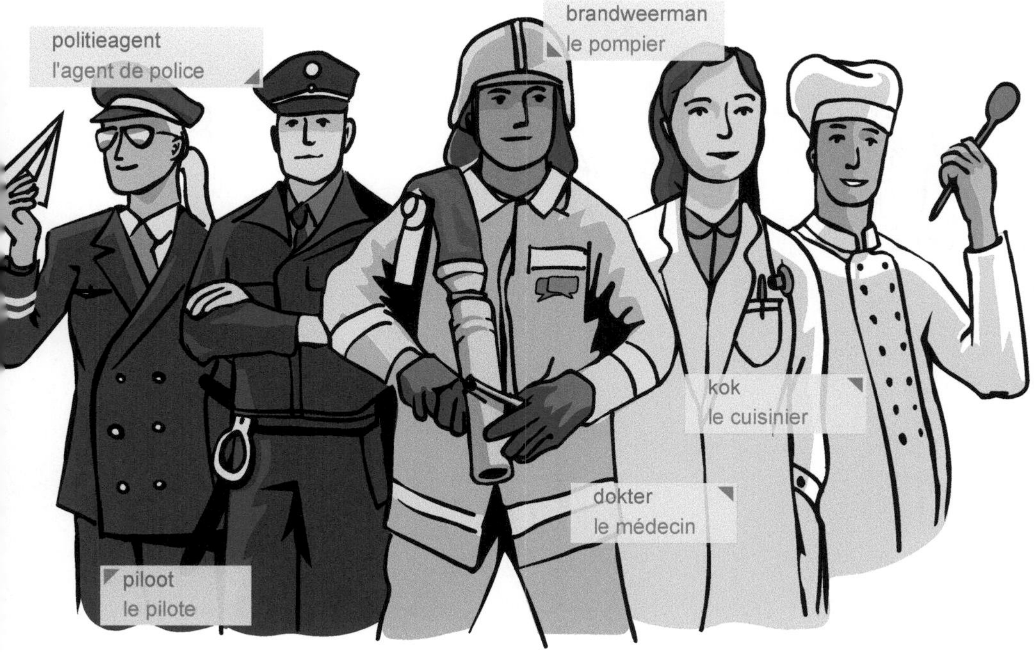
politieagent
l'agent de police
brandweerman
le pompier
kok
le cuisinier
dokter
le médecin
piloot
le pilote

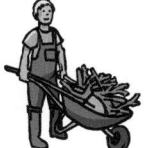

tuinman

le jardinier

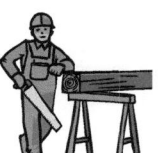

timmerman

le menuisier

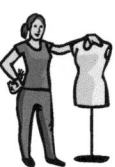

naaister

la couturière

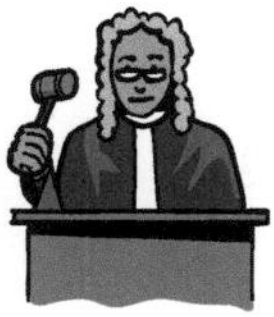

rechter

le juge

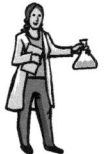

chemicus

le chimiste

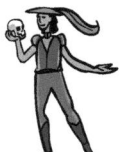

acteur

l'acteur

buschauffeur

le conducteur de bus

taxichauffeur

le chauffeur de taxi

visser

le pêcheur

schoonmaakster

la femme de ménage

dakdekker

le couvreur

ober

le serveur

jager

le chasseur

schilder

le peintre

bakker

le boulanger

elektricien

l'électricien

bouwvakker

l'ouvrier

ingenieur

l'ingénieur

slager

le boucher

loodgieter

le plombier

postbode

le facteur

soldaat

le soldat

architect

l'architecte

kassier

le caissier

bloemist

le fleuriste

kapper

le coiffeur

conducteur

le contrôleur

mecanicien

le mécanicien

kapitein

le capitaine

tandarts

le dentiste

wetenschapper

le scientifique

rabbijn

le rabbin

imam

l'imam

monnik

le moine

geestelijke

le prêtre

# werktuigen
## les outils

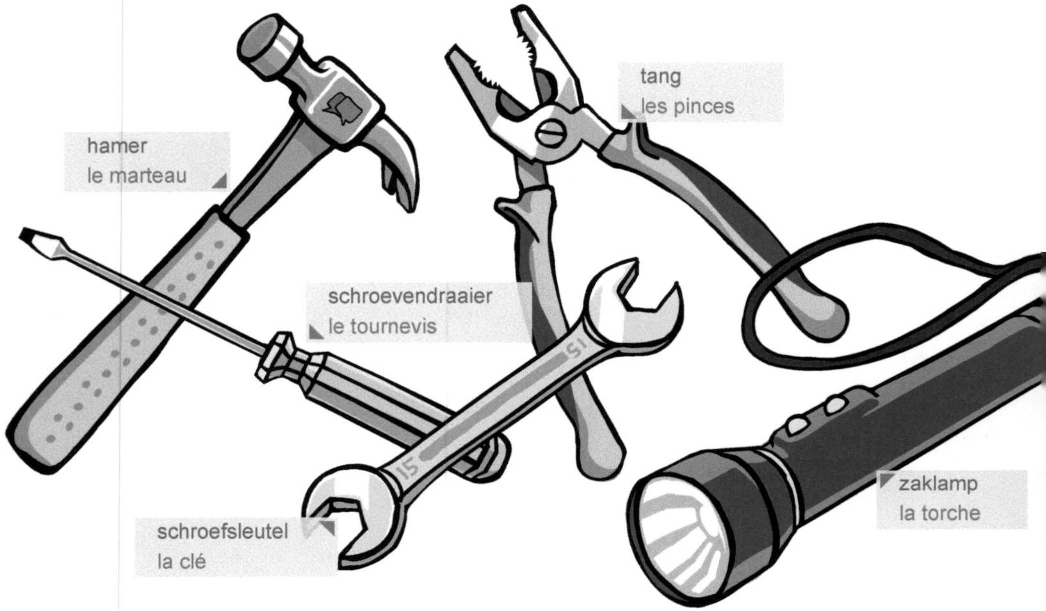
tang
les pinces
hamer
le marteau
schroevendraaier
le tournevis
zaklamp
la torche
schroefsleutel
la clé

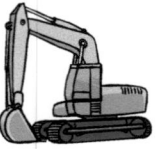

graafmachine

la pelleteuse

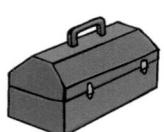

gereedschapskoffer

la boîte à outils

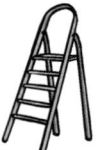

ladder

l'échelle

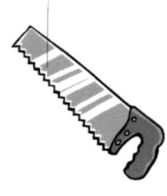

zaag

la scie

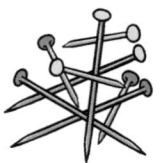

spijkers

les clous

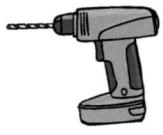

boormachine

la perceuse

repareren

réparer

schop

la pelle

Verdomme!

Mince!

blik

la pelle

verfpot

le pot de peinture

schroeven

les vis

## muziekinstrumenten
## les instruments de musique

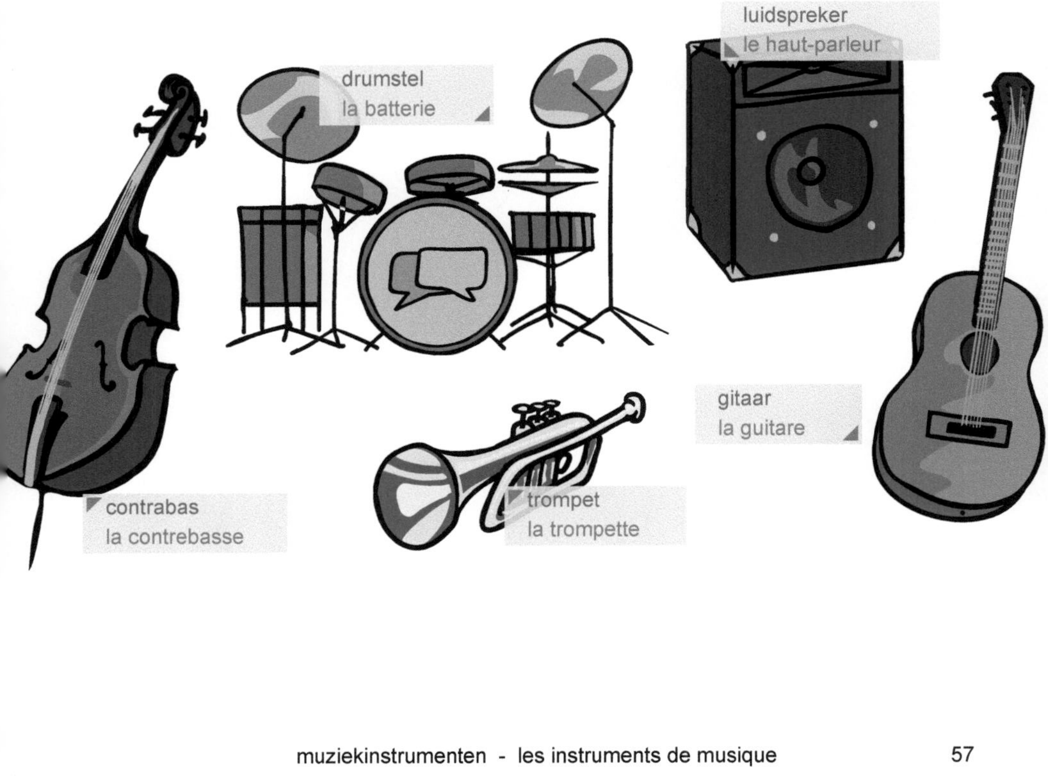

luidspreker
le haut-parleur

drumstel
la batterie

contrabas
la contrebasse

trompet
la trompette

gitaar
la guitare

piano

le piano

viool

le violon

basgitaar

la basse

pauk

les timbales

trommels

le tambour

keyboard

le piano électrique

saxofoon

le saxophone

fluit

la flûte

microfoon

le microphone

ingang
l'entrée

tijger
le tigre

kooi
la cage

zebra
le zèbre

diereneten
l'alimentation animale

panda
le panda

dieren

les animaux

olifant

l'éléphant

kangoeroe

le kangourou

neushoorn

le rhinocéros

gorilla

le gorille

beer

l'ours

kameel

le chameau

struisvogel

l'autruche

leeuw

le lion

aap

le singe

flamingo

le flamand rose

papegaai

le perroquet

ijsbeer

l'ours polaire

pinguïn

le pingouin

haai

le requin

pauw

le paon

slang

le serpent

krokodil

le crocodile

dierenverzorger

le gardien de zoo

zeehond

le phoque

jaguar

le jaguar

pony
le poney

luipaard
le léopard

nijlpaard
l'hippopotame

giraffe
la girafe

adelaar
l'aigle

wild zwijn
le sanglier

vis
le poisson

zeeschildpad
la tortue

walrus
le morse

vos
le renard

gazelle
la gazelle

rugby
l'american Football

wielrennen
le cyclisme

tennis
le tennis

basketbal
le basket-ball

zwemmen
la natation

boksen
la boxe

ijshockey
le hockey sur glace

voetbal
le football

badminton
le badminton

atletiek
l'athlétisme

handbal
le handball

skiën
le ski

polo
le polo

lachen
rire

springen
sauter

knuffelen
embrasser

wandelen
marcher

zingen
chanter

dromen
rêver

bidden
prier

kussen
faire la bise

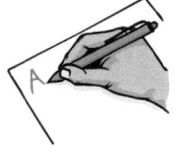

schrijven

écrire

tekenen

dessiner

tonen

montrer

duwen

pousser

geven

donner

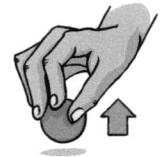

nemen

prendre

hebben

avoir

doen

faire

zijn

être

staan

être debout

lopen

courir

trekken

trier

gooien

jeter

vallen

tomber

liggen

être couché

wachten

attendre

dragen

porter

zitten

être assis

aankleden

s'habiller

slapen

dormir

ontwaken

se réveiller

kijken naar

regarder

wenen

pleurer

aaien

caresser

kammen

peigner

praten

parler

begrijpen

comprendre

vragen

demander

luisteren

écouter

drinken

boire

eten

manger

opruimen

ranger

houden van

aimer

koken

cuire

rijden

conduire

vliegen

voler

activiteiten - les activités

zeilen

faire de la voile

rekenen

calculer

Lezen

lire

leren

apprendre

werken

travailler

trouwen

se marier

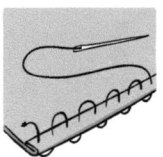

naaien

coudre

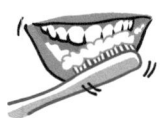

tandenpoetsen

se brosser les dents

doden

tuer

roken

fumer

sturen

envoyer

grootmoeder
grand-mère

grootvader
le grand-père

vader
le père

moeder
la mère

baby
le bébé

dochter
la fille

zoon
le fils

gast

l'hôte

tante

la tante

oom

l'oncle

broer

le frère

zus

la sœur

# lichaam
## le corps

voorhoofd
le front
oog
l'œil
schouder
l'épaule
vinger
le doigt
gezicht
le visage
kin
le menton
hand
la main
been
la jambe
borst
la poitrine
arm
le bras

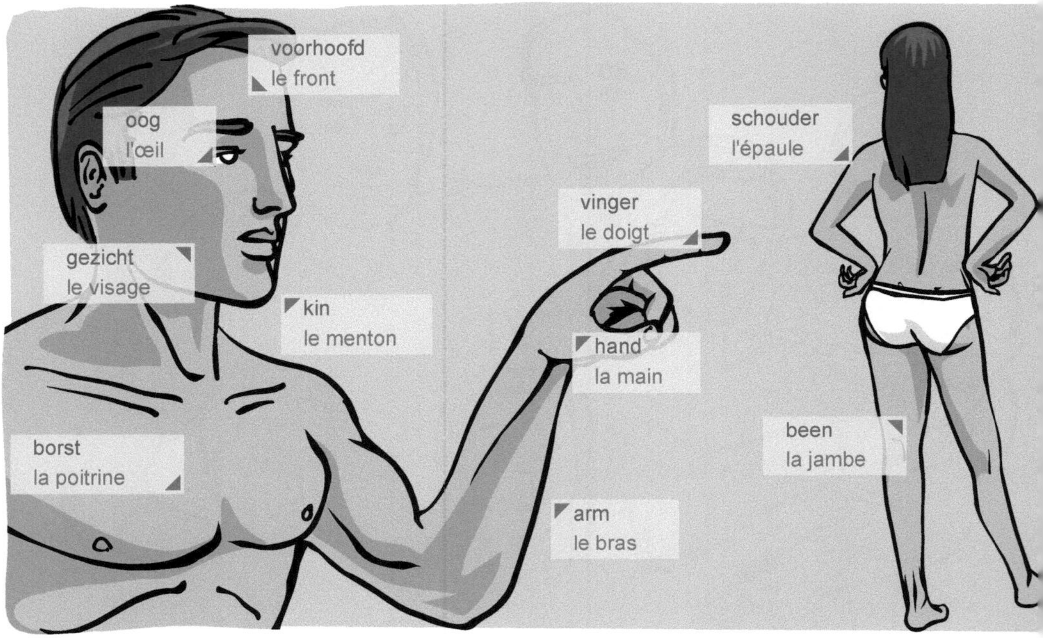

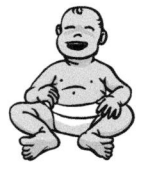

baby
le bébé

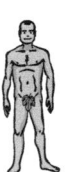

man
l'homme

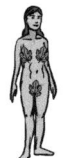

vrouw
la femme

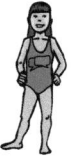

meisje
la fille

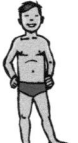

jongen
le garçon

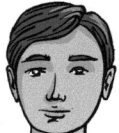

hoofd
la tête

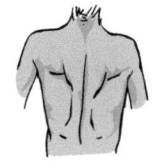

rug
.................
le dos

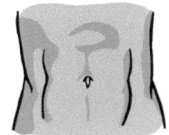

buik
.................
le ventre

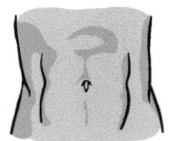

navel
.................
le nombril

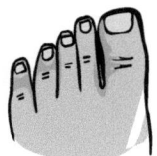

teen
.................
l'orteil

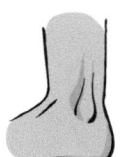

hiel
.................
le talon

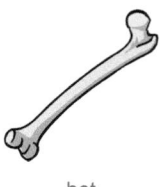

bot
.................
l'os

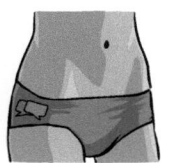

heup
.................
la hanche

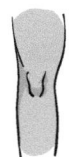

knie
.................
le genou

elleboog
.................
le coude

neus
.................
le nez

zitvlak
.................
les fesses

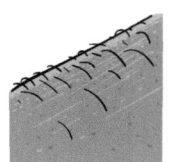

huid
.................
la peau

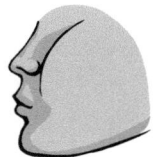

wang
.................
la joue

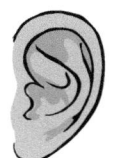

oor
.................
l'oreille

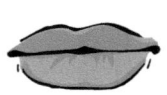

lip
.................
la lèvre

mond

la bouche

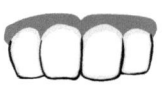

tand

la dent

tong

la langue

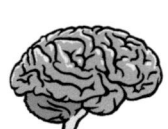

hersenen

le cerveau

hart

le cœur

spier

le muscle

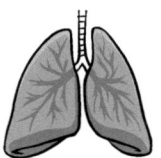

long

les poumons

lever

le foie

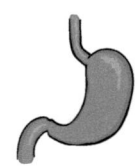

maag

l'estomac

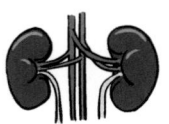

nieren

les reins

seks

le rapport sexuel

condoom

le préservatif

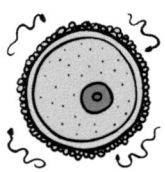

eicel

l'ovule

sperma

le sperme

zwangerschap

la grossesse

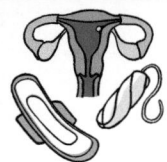

menstruatie
...............
la menstruation

vagina
...............
le vagin

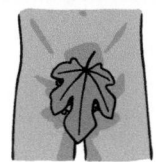

penis
...............
le pénis

wenkbrauw
...............
le sourcil

haar
...............
les cheveux

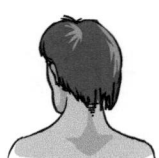

nek
...............
le cou

# ziekenhuis
# l'hôpital

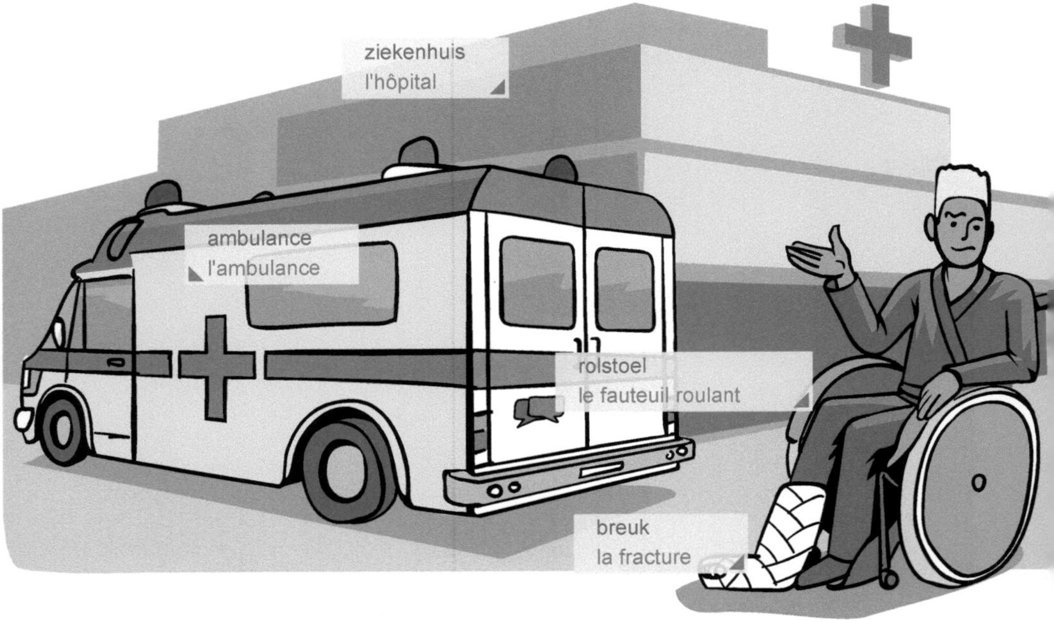

ziekenhuis
l'hôpital
ambulance
l'ambulance
rolstoel
le fauteuil roulant
breuk
la fracture

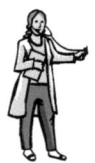

dokter

le médecin

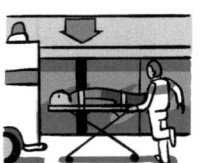

spoed

le service des urgences

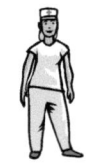

verpleegkundige

l'infirmière

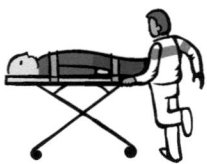

noodgeval

l'urgence

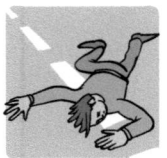

bewusteloos

inconscient

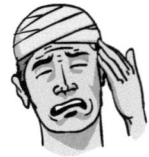

pijn

la douleur

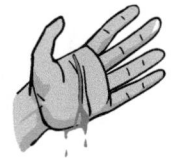

verwonding

la blessure

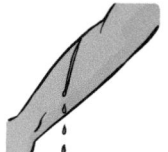

bloeding

l'hémorragie

hartaanval

la crise cardiaque

beroerte

l'attaque cérébrale

allergie

l'allergie

hoest

la toux

koorts

la fièvre

griep

la grippe

diarree

la diarrhée

hoofdpijn

le mal de tête

kanker

le cancer

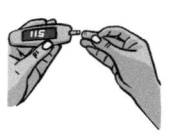

diabetes

le diabète

chirurg

le chirurgien

scalpel

le scalpel

operatie

l'opération

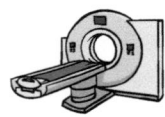

CT
le CT

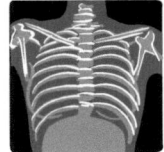

röntgenstraal
la radiographie

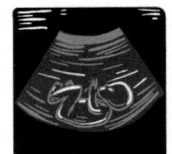

ultrageluid
l'échographie

gezichtsmasker
le masque

ziekte
la maladie

wachtkamer
la salle d'attente

kruk
la béquille

pleister
le pansement

verband
le pansement

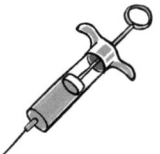

injectie
l'injection

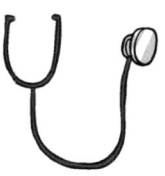

stethoscoop
le stéthoscope

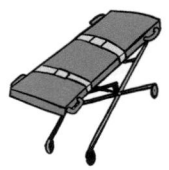

brancard
le brancard

thermometer
le thermomètre

geboorte
l'accouchement

overgewicht
le surpoids

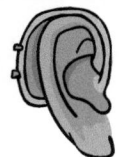

**hoorapparaat**

l'appareil auditif

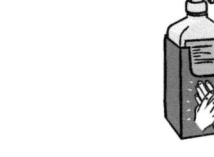

**ontsmettingsmiddel**

le désinfectant

**infectie**

l'infection

**virus**

le virus

**HIV / AIDS**

le VIH / le sida

**medicijn**

le médicament

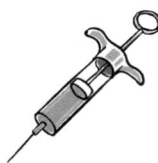

**vaccinatie**

la vaccination

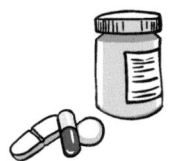

**tabletten**

les tablettes

**pil**

la pilule

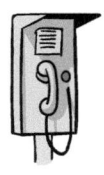

**noodoproep**

l'appel d'urgence

**bloeddrukmeter**

le tensiomètre

**ziek / gezond**

malade / sain

Help!
Au secours!

alarm
l'alarme

overval
l'agression

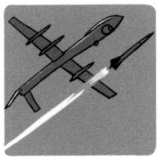

aanval
l'attaque

gevaar
le danger

nooduitgang
la sortie de secours

Brand!
Au feu!

brandblusser
l'extincteur

ongeval
l'accident

EHBO-kit
la trousse de premier
secours

SOS
SOS

politie
la police

Europa

l'Europe

Noord-Amerika

l'Amérique du Nord

Zuid-Amerika

l'Amérique du Sud

Afrika

l'Afrique

Azië

l'Asie

Australië

l'Australie

Atlantische Oceaan

l'Océan atlantique

Stille Oceaan

l'Océan pacifique

Indische Oceaan

l'Océan indien

Antarctische Oceaan

l'Océan antarctique

Arctische Oceaan

l'Océan arctique

Noordpool

le Pôle nord

Zuidpool

le Pôle sud

Antarctica

l'Antarctique

aarde

la terre

land

le pays

zee

la mer

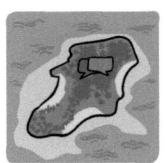

eiland

l'île

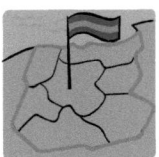

natie

la nation

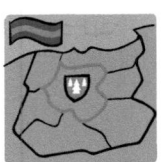

staat

l'état

wijzerplaat

le cadran

uurwijzer

l'aiguille des heures

minuutwijzer

l'aiguille des minutes

secondewijzer

l'aiguille des secondes

Hoe laat is het?

Quelle heure est-il?

dag

le jour

tijd

le temps

nu

maintenant

digitale horloge

la montre digitale

minuut

la minute

uur

l'heure

# week

## la semaine

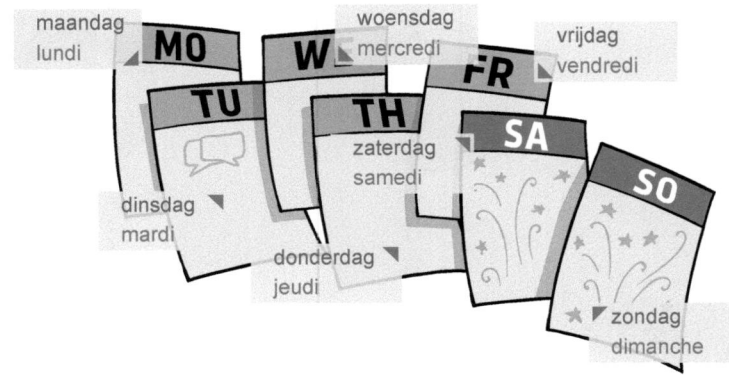

maandag / lundi
woensdag / mercredi
vrijdag / vendredi
dinsdag / mardi
zaterdag / samedi
donderdag / jeudi
zondag / dimanche

gisteren

hier

vandaag

aujourd'hui

morgen

demain

ochtend

le matin

middag

le midi

avond

le soir

werkdagen

les jours ouvrables

weekend

le week-end

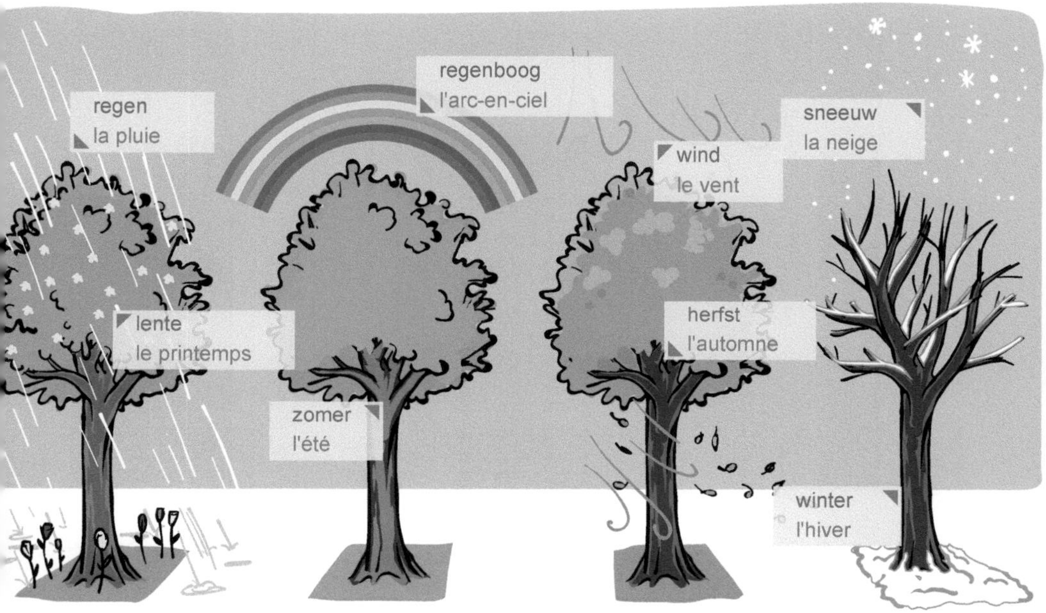

regen
la pluie
regenboog
l'arc-en-ciel
sneeuw
la neige
wind
le vent
lente
le printemps
herfst
l'automne
zomer
l'été
winter
l'hiver

4.APRIL 11°
5.APRIL 4°
6.APRIL 13°
7.APRIL 8°
8.APRIL 10°

weervoorspelling

la météo

F
C
120
90
60
30
0
-30
40
30
20
10
0
-10
-20

thermometer

le thermomètre

zonneschijn

la lumière du soleil

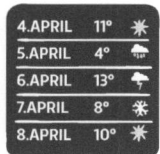

wolk

le nuage

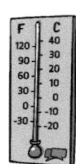

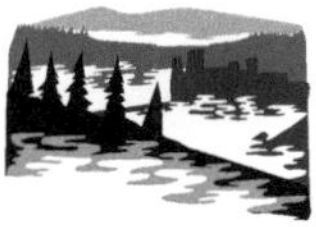

mist

le brouillard

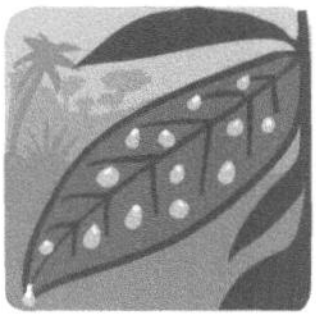

vochtigheid

l'humidité

bliksem

la foudre

donder

le tonnerre

storm

la tempête

hagel

la grêle

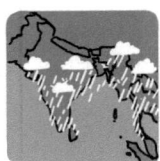

moesson

la mousson

overstroming

l'inondation

ijs

la glace

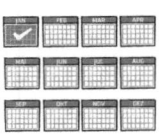

januari

janvier

februari

février

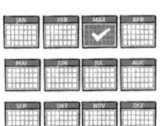

maart

mars

april

avril

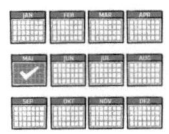

mei

mai

juni

juin

juli

juillet

augustus

août

jaar - l'année

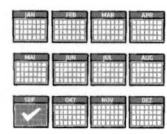

september
................
septembre

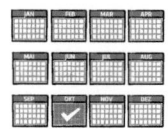

oktober
................
octobre

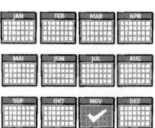

november
................
novembre

december
................
décembre

## vormen

## les formes

cirkel
................
le cercle

kwadraat
................
le carré

rechthoek
................
le rectangle

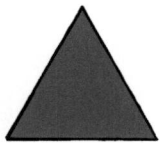

driehoek
................
le triangle

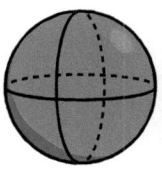

bol
................
la sphère

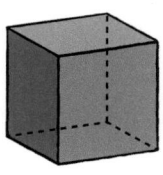

kubus
................
le cube

wit

blanc

geel

jaune

oranje

orange

roze

rose

rood

rouge

paars

violet

blauw

bleu

groen

vert

bruin

marron

grijs

gris

zwart

noir

veel / weinig

beaucoup / peu

boos / kalm

fâché / calme

mooi / lelijk

joli / laid

begin / einde

le début / la fin

groot / klein

grand / petit

licht / donker

clair / obscure

broer / zus

le frère / la sœur

proper / vuil

propre / sale

volledig / onvolledig

complet / incomplet

dag / nacht

le jour / la nuit

dood / levend

mort / vivant

breed / smal

large / étroit

eetbaar / oneetbaar

comestible / incomestible

kwaadaardig / vriendelijk

méchant / gentil

opgewonden / verveeld

excité / ennuyé

dik / dun

gros / mince

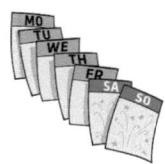

eerst / laatst

le premier / le dernier

vriend / vijand

l'ami / l'ennemi

vol / leeg

plein / vide

hard / zacht

dur / souple

zwaar / licht

lourd / léger

honger / dorst

faim / soif

ziek / gezond

malade / sain

illegaal / legaal

illégal / légal

intelligent / dom

intelligent / stupide

links / rechts

gauche / droite

dichtbij / veraf

proche / loin

**nieuw / gebruikt**

nouveau / usé

**niets / iets**

rien / quelque chose

**oud / jong**

vieux / jeune

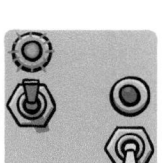

**aan / uit**

marche / arrêt

**open / dicht**

ouvert / fermé

**stil / luid**

faible / fort

**rijk / arm**

riche / pauvre

**juist / fout**

correct / incorrect

**ruw / glad**

rugueux / lisse

**droevig / blij**

triste / heureux

**kort / lang**

court / long

**traag / snel**

lent / rapide

**nat / droog**

mouillé / sec

**warm / koud**

chaud / froid

**oorlog / vrede**

la guerre / la paix

**0**

nul

zéro

**1**

één

un

**2**

twee

deux

**3**

drie

trois

**4**

vier

quatre

**5**

vijf

cinq

**6**

zes

six

**7**

zeven

sept

**8**

acht

huit

**9**

negen

neuf

**10**

tien

dix

**11**

elf

onze

| **12** | **13** | **14** |
|---|---|---|
| twaalf | dertien | veertien |
| douze | treize | quatorze |

| **15** | **16** | **17** |
|---|---|---|
| vijftien | zestien | zeventien |
| quinze | seize | dix-sept |

| **18** | **19** | **20** |
|---|---|---|
| achtien | negentien | twintig |
| dix-huit | dix-neuf | vingt |

| **100** | **1.000** | **1.000.000** |
|---|---|---|
| honderd | duizend | miljoen |
| cent | mille | le million |

## les langues

**Engels**
l'anglais

**Amerikaans Engels**
l'anglais américain

**Chinees (Mandarijn)**
le chinois mandarin

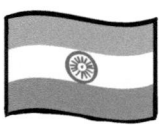

**Hindi**
le hindi

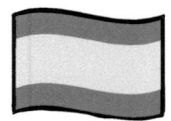

**Spaans**
l'espagnol

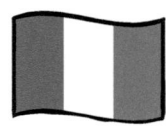

**Frans**
le français

**Arabisch**
l'arabe

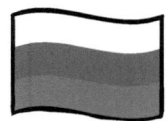

**Russisch**
le russe

**Portugees**
le portugais

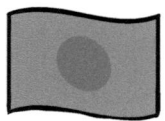

**Bengali**
le bengali

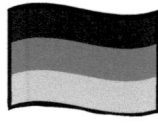

**Duits**
l'allemand

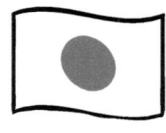

**Japans**
le japonais

ik
je

u
tu

hij / zij / het
il / elle

wij
nous

u
vous

ze
ils / elles

wie?
qui?

wat?
quoi?

hoe?
comment?

waar?
où?

wanneer?
quand?

naam
le nom

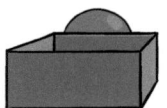

achter

derrière

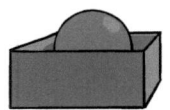

in

dans

voor

devant

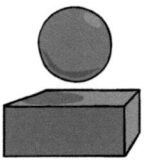

boven

au-dessus

op

sur

onder

en-dessous

naast

à côté de

tussen

entre

plaats

le lieu